上海市工程建设规范

# 施工现场安全资料和记录实施标准

Implementation standard of safety documents and records for construction site

DG/TJ 08—2334—2020
J 15432—2020

主编单位:上海市建设工程安全质量监督总站
　　　　　上海建工集团股份有限公司
批准部门:上海市住房和城乡建设管理委员会
施行日期:2021年4月1日

同济大学出版社

2021　上海

图书在版编目(CIP)数据

施工现场安全资料和记录实施标准/上海市建设工程安全质量监督总站,上海建工集团股份有限公司主编.—上海:同济大学出版社,2021.4
ISBN 978-7-5608-9845-2

Ⅰ.①施… Ⅱ.①上… ②上… Ⅲ.①建筑施工-施工现场-安全管理-技术档案-档案管理-地方标准-上海 Ⅳ.①G275.3-65

中国版本图书馆 CIP 数据核字(2021)第 049282 号

# 施工现场安全资料和记录实施标准

上海市建设工程安全质量监督总站
上海建工集团股份有限公司　　主编

| 策划编辑 | 张平官 |
|---|---|
| 责任编辑 | 朱　勇 |
| 责任校对 | 徐春莲 |
| 封面设计 | 陈益平 |

出版发行　同济大学出版社　　www.tongjipress.com.cn
　　　　　(地址:上海市四平路 1239 号　邮编:200092　电话:021-65985622)

| 经　　销 | 全国各地新华书店 |
|---|---|
| 印　　刷 | 浦江求真印务有限公司 |
| 开　　本 | 889mm×1194mm　1/32 |
| 印　　张 | 2.875 |
| 字　　数 | 77 000 |
| 版　　次 | 2021 年 4 月第 1 版　2021 年 12 月第 2 次印刷 |
| 书　　号 | ISBN 978-7-5608-9845-2 |
| 定　　价 | 25.00 元 |

本书若有印装质量问题,请向本社发行部调换　　版权所有　侵权必究

# 上海市住房和城乡建设管理委员会文件

沪建标定〔2020〕627号

## 上海市住房和城乡建设管理委员会
## 关于批准《施工现场安全资料和记录实施标准》
## 为上海市工程建设规范的通知

各有关单位：

  由上海市建设工程安全质量监督总站、上海建工集团股份有限公司主编的《施工现场安全资料和记录实施标准》，经我委审核，现批准为上海市工程建设规范，统一编号为DG/TJ 08—2334—2020，自2021年4月1日起实施。

  本规范由上海市住房和城乡建设管理委员会负责管理，上海市建设工程安全质量监督总站负责解释。

  特此通知。

上海市住房和城乡建设管理委员会<br>
二○二○年十一月四日

# 前　言

根据上海市住房和城乡建设管理委员会《关于印发〈2016年上海市工程建设规范编制计划（第二批）〉的通知》（沪建标定〔2016〕589号）的要求，由上海市建设工程安全质量监督总站和上海建工集团股份有限公司会同相关单位完成本标准的编制。

安全生产管理资料和记录是落实施工现场安全生产管理体系的载体。为确保安全生产管理资料符合施工现场管理实际，适应形势发展的需要，并与《现场施工安全生产管理规范》DGJ 08—903形成配套，经调查研究、专题讨论、广泛征求意见，对施工现场安全资料和记录进行了编制和完善，确定了资料和记录共享、简化、关联的管理原则，梳理了岗位管理职责，强化了资料与记录的管理效能，同时引入了现代信息管理理念。

本标准的主要内容包括：总则；术语；基本规定；基本条件类；核心要求类；基本要求类；信息系统管理和4个附录。

各单位及相关人员在执行本标准过程中，如有意见和建议，请反馈至上海市住房和城乡建设管理委员会（地址：上海市大沽路100号；邮编：200003；E-mail：bzgl@zjw.sh.gov.cn），上海市建设工程安全质量监督总站（地址：上海市小木桥路683号；邮编：200032；E-mail：aqzlssbz@126.com），上海市建筑建材业市场管理总站（地址：上海市小木桥路683号；邮编：200032；E-mail：bzglk@zjw.sh.gov.cn），以便今后修订时参考。

**主 编 单 位**：上海市建设工程安全质量监督总站
　　　　　　　　上海建工集团股份有限公司
**参 编 单 位**：上海建工一建集团有限公司
　　　　　　　　上海建工二建集团有限公司

上海建工四建集团有限公司
上海建工七建集团有限公司
中国建筑第八工程局有限公司
上海隧道工程股份有限公司
上海市建设安全协会
上海建设机械行业协会
上海市建设工程咨询行业协会
浦东新区建设工程安全质量监督站

**主要起草人：** 陶为农　王知韵　翁益民　崔　勇　陆佳斌
王学士　李伟君　朱伟程　范凌豪　王乃宵
张嘉洁　沈　骏　顾晨飞　戴功良　毕炤伯
曹德雄　沈　阳　汪阳春　冯建强　陈晓峰
邢承良　施政礼　徐　炜

**主要审查人：** 倪传仁　徐　伟　吕　达　王　辉　季　嵘
李海光　佘佳贝

上海市建筑建材业市场管理总站

# 目　次

1 总　则 ……………………………………………………… 1
2 术　语 ……………………………………………………… 2
3 基本规定 …………………………………………………… 4
4 基本条件类 ………………………………………………… 6
　4.1 一般规定 ……………………………………………… 6
　4.2 企业证照 ……………………………………………… 6
　4.3 人员管理 ……………………………………………… 7
　4.4 设备、设施与物资 …………………………………… 7
　4.5 文件管理 ……………………………………………… 8
5 核心要求类 ………………………………………………… 9
　5.1 一般规定 ……………………………………………… 9
　5.2 危大工程辨识 ………………………………………… 9
　5.3 危大工程专项施工方案 ……………………………… 10
　5.4 危大工程交底 ………………………………………… 10
　5.5 危大工程验收 ………………………………………… 11
　5.6 危大工程监控 ………………………………………… 11
6 基本要求类 ………………………………………………… 13
　6.1 一般规定 ……………………………………………… 13
　6.2 组织构架 ……………………………………………… 13
　6.3 管理职责 ……………………………………………… 13
　6.4 安全防护、文明施工措施费 ………………………… 14
　6.5 教育培训 ……………………………………………… 14
　6.6 过程管理 ……………………………………………… 15
　6.7 检查整改 ……………………………………………… 16

|  |  |  |
| --- | --- | --- |
| 6.8 | 应急和事故管理 …………………………………… | 17 |
| 7 | 信息系统管理 ………………………………………… | 18 |
| 附录A | 基本条件类附表 …………………………………… | 19 |
| 附录B | 核心要求类附表 …………………………………… | 27 |
| 附录C | 基本要求类附表 …………………………………… | 30 |
| 附录D | 其他附表 …………………………………………… | 57 |
| 本标准用词说明 ……………………………………………… | | 64 |
| 引用标准名录 ………………………………………………… | | 65 |
| 条文说明 ……………………………………………………… | | 67 |

# Contents

1 Generals ······················································· 1
2 Terms ··························································· 2
3 Basic rules ···················································· 4
4 Basic conditions ············································· 6
   4.1 General provisions ································· 6
   4.2 Corporate license ·································· 6
   4.3 Personnel management ·························· 7
   4.4 Installations, equipments and materials ··············· 7
   4.5 File management ··································· 8
5 Core requirements ·········································· 9
   5.1 General provisions ································· 9
   5.2 Identification of the divisional work subdivisional work with higher risks ······················ 9
   5.3 The special method statement for the divisional work subdivisional work with higher risks ··············· 10
   5.4 Explanation of the divisional work subdivisional work with higher risks ······················ 10
   5.5 Check acceptance of the divisional work subdivisional work with higher risks ······················ 11
   5.6 Supervisory control of the divisional work subdivisional work with higher risks ······················ 11
6 Basic requirements ········································· 13
   6.1 General provisions ································· 13
   6.2 Organizational structure ························· 13

6.3 Management responsibility ················· 13
6.4 Measures expense for safety and civilization ········· 14
6.5 Education and training ····················· 14
6.6 Process management ······················ 15
6.7 Inspection and rectification ················ 16
6.8 Emergency and accident management ··············· 17
7 Information system management ···················· 18
Appendix A  Attached list of basic conditions ················· 19
Appendix B  Attached list of core requirements ················ 27
Appendix C  Attached list of basic requirements ············ 30
Appendix D  Attached list of others ······················ 57
Explanation of wording in this standard ····················· 64
List of quoted standards ················· 65
Explanations of provisions ··············· 67

# 1 总则

**1.0.1** 为了规范建设工程施工现场（以下简称施工现场）安全生产资料和记录（以下简称资料和记录）的管理，提高安全生产管理的标准化水平，加强安全生产岗位责任的落实，确保施工现场安全管理体系正常运行，特制定本标准。

**1.0.2** 本标准适用于本市行政区域内施工现场项目资料和记录的策划、制订、收集、填报以及对其检查、存档等相关管理活动。

**1.0.3** 资料和记录的管理应遵从分级分类、组合共享的原则，结合现场安全生产体系管理的实际情况开展。

**1.0.4** 资料和记录管理除应符合本标准的规定外，尚应符合国家、行业和本市现行有关标准的规定。

# 2 术 语

**2.0.1** 资料 data
可作为安全生产管理依据的信息材料。如企业资质证明、从业人员资格证明、工程合同、企业安全管理相关制度等。

**2.0.2** 记录 record
把安全生产管理过程中所做的工作或程序通过文字、图表、影像等形式保留下来,并作为管理的信息传递。如施工方案、检查、验收、交底等。

**2.0.3** 基本条件 basic conditions
施工现场与安全生产管理相关的资源,包括单位、人员以及材料、设施、设备等实物的初始、全面的要素信息。

**2.0.4** 核心要求 core requirements
施工现场围绕危险性较大分部分项工程(以下简称危大工程)所实施的安全管理。

**2.0.5** 基本要求 basic requirements
施工现场除核心要求以外的全过程、全范围的安全管理。

**2.0.6** 相关方 related parties
与施工现场总包有管理关系的单位、团体及个人。如建设单位、监理单位、总包企业、政府相关部门等。

**2.0.7** 设备、设施与物资 installations, equipments and materials
设备是指施工现场使用的列入特种设备名录的起重机械以及其他大型机械。

设施是指施工现场可直接使用的产品类或企业自行设计自制的辅助工具。

物资是指用于施工现场安全生产的周转构件、配件等材料。

**2.0.8** 项目部 project department

指实施或参与项目管理工作且有明确的职责、权限和相互关系的人员及设施的集合,为完成项目管理目标而建立的管理组织。包括发包人、承包人、分包人和其他有关单位。

# 3 基本规定

**3.0.1** 资料和记录的分类应依据现行上海市工程建设规范《现场施工安全生产管理规范》DGJ 08—903，包括基本条件类（A 类）、核心要求类（B 类）和基本要求类（C 类）三大类。

**3.0.2** 资料和记录应实行总包单位负责制。总包单位应依据施工现场安全管理体系，明确各部门或岗位以及分包（供）单位资料和记录的管理职责，实施资料和记录的过程管理，接受相关方的监督、检查。

**3.0.3** 资料和记录应包括编制、填报、收集、汇总、归档等管理职责，并应符合下列分级分类管理要求：

    **1** 项目负责人在开工准备阶段，应根据管理分工，明确资料与记录的编制、填报、收集、汇总、归档等职责。管理分工可参照附录 D 表 D1。

    **2** 各管理岗位审核、收集管理职责范围内的相关资料；依据岗位职责，填报相关记录。

    **3** 安全管理岗位应策划编制本工程所需资料与记录的目录并汇总。

    **4** 资料管理岗位应负责多岗位共享资料的收集汇总，以及归档资料的收集保管。

**3.0.4** 总包单位应根据现场施工实际情况及安全管理特征，在开工时形成工程概况表，相关表式按照附录 D 表 D2。建立资料与记录的清单目录并配备相关表单；随着施工进度，依据清单对应收集汇总相关资料、实施现场记录。

**3.0.5** 建设工程安全管理或技术规范标准、规范性文件以及本标准提供的资料与记录附表，施工现场应直接应用，并可结合本工程管理特征优化、补充，但填报要素不得减少、管理要求不得降低。

**3.0.6** 资料应留存原件，因特殊原因不能留存原件的，应在复印件上加盖公章。

**3.0.7** 资料和记录应符合下列要求：

  **1** 资料应完整，记录及时，真实有效，字迹清楚，签章规范，不得随意涂改。

  **2** 随工程施工同步形成。

  **3** 根据安全管理需要实行分级、分类，并可组合、可共享。

  **4** 采用信息化管理技术。

**3.0.8** 资料和记录应由企业保存一年，自项目完工之日起计算。

**3.0.9** 资料和记录应作为考核相关单位、管理岗位、作业岗位安全生产职责落实的主要依据。

# 4 基本条件类

## 4.1 一般规定

**4.1.1** 基本条件类资料与记录主要包括相关企业、进场设施、设备、物资以及人员等的证照类文件资料,相关表式按照附录 A 执行。

**4.1.2** 基本条件类的资料应为项目部各管理岗位共享,相关资料信息应与本市建设行政管理平台上报信息一致。

**4.1.3** 专业(劳务)分包单位应各自完成资料的收集及上报。总包单位应对专业(劳务)分包单位、人员的资料记录审核、存档。

**4.1.4** 企业、人员、设施、设备、物资等清单,应与日常实施记录对应,形成实施汇总表。

## 4.2 企业证照

**4.2.1** 企业证照类资料应包含总包、专业分包、劳务分包及供应商等单位在安全生产经营活动中所需的资质、合同、协议等。

**4.2.2** 资质资料应包含企业的营业执照、资质证书、安全生产可证等。

**4.2.3** 合同应包括工程承包合同、租赁合同、供货合同等。合同应按规定包括承包(供货)范围及内容、合同造价、合同工期(供货时间)、关键岗位负责人等内容。

**4.2.4** 协议应包括安全生产协议、文明施工协议等,协议中应包括合同双方的安全生产职责。

**4.2.5** 总包单位的相关管理岗位在各分包(供)单位进场时,应及时收集、审核相关资料,过程中实时补充、更新;形成分包(供)单位名录,交项目资料员汇总并存档。相关表式按照附录 A 表 A4.2.1 执行。

**4.2.6** 总包单位应对分包单位基础管理、过程管理、绩效实施情况汇总记录,作为其日常安全管理工作考核依据。相关表式按照附录 A 表 A4.2.2 执行。

## 4.3 人员管理

**4.3.1** 人员资料应按照管理人员、建筑工人等分类收集,并形成管理人员名录和建筑工人名录。相关表式按照附录 A 表 A4.3.1 和表 A4.3.2 执行。

**4.3.2** 管理人员的资料应包括身份证、职业资格证书、安全考核证书及任命文件等。

**4.3.3** 建筑工人资料应包括身份证、上岗证、特殊工种操作证等。

**4.3.4** 人员名录应包括所在单位、人员姓名、年龄、岗位及证书等主要信息。

**4.3.5** 总包单位的相关管理岗位在各分包(供)单位进场时,应收集、审核其相关人员资料,并实时补充、更新,形成人员名录,交项目总包单位存档。

**4.3.6** 总包单位应形成建筑工人实施汇总表,对其管理过程实施记录,作为安全考核依据。相关表式按照附录 A 表 A4.3.3 执行。

## 4.4 设备、设施与物资

**4.4.1** 施工现场设备、设施、物资资料应包括产品合格证、使用说明书、检测报告、出厂验收等。

**4.4.2** 总包单位的相关管理岗位在设备、设施、物资进场时,应及时收集、审核相关资料,并形成设备、设施、物资目录清单,清单应包括名称、型号等主要信息,过程中应实时补充、更新。相关表式按照附录 A 表 A4.4.1 执行。

**4.4.3** 总包单位应对施工现场设备、设施、物资相关实施情况进行记录,形成设备、设施、物资实施汇总表,记录过程检查、验收、检测、进出场等动态管理信息。相关表式按照附录 A 表 A4.4.2 执行。

## 4.5 文件管理

**4.5.1** 文件应包括施工现场安全生产管理所需依据的法律、法规、规范标准、制度文件等。相关表式按照附录 A 表 A4.5.1 执行。

**4.5.2** 开工前,项目应分类收集相关文件,并形成与本工程安全管理特征相符的项目文件管理目录,目录应分类设置。

**4.5.3** 项目管理过程中,应实时补充、更新相关法律文件、规范性文件及技术性规程标准。

**4.5.4** 文件目录应注明实施日期、发文单位、来文时间及存放形式等。

# 5 核心要求类

## 5.1 一般规定

**5.1.1** 核心要求类主要内容应包括施工现场危大工程的清单、专项施工方案编制和审核、交底、验收、监控等相关资料和记录,相关表式应按照现行上海市工程建设规范《危险性较大的分部分项工程安全管理规范》DGJ 08—2077 以及附录 B 执行。

**5.1.2** 危大工程资料与记录由总包单位负责组织实施,并收集、归档。

**5.1.3** 由专业分包单位实施危大工程的,可以由其落实实施范围内危大工程清单、专项施工方案、实施计划、作业人员登记、交底、验收等相关资料和记录,总包单位应及时审核、汇总。

**5.1.4** 危大工程涉及的管理条线,应各自记录、汇总管理痕迹,相应资料和记录应定期统一收集保管。

## 5.2 危大工程辨识

**5.2.1** 总包单位应在施工准备阶段依据本工程实际情况,组织辨识并编制危大工程清单。相关表式按照附录 B 表 B5.2.1 执行。

**5.2.2** 危大工程清单内容应包括危大工程名称、规模等基本信息。

**5.2.3** 危大工程清单应由审核人签字确认。

**5.2.4** 危大工程专项施工方案编制审批、交底、验收、监控等实施信息,应与危大工程清单对应记录,形成实施汇总表,并由相应的管理岗位进行汇总。相关表式按照附录 B 表 B5.2.2 执行。

**5.2.5** 施工单位应在工程设计、施工工艺、环境等发生变化时，及时更新危大工程清单。

## 5.3 危大工程专项施工方案

**5.3.1** 危大工程应按规定在辨识后，由施工单位组织工程技术人员编制专项施工方案。危大工程专项施工方案编制、审核审批及论证记录应与危大工程清单相对应。

**5.3.2** 危大工程专项施工方案主要内容按规定应包括工程概况、编制依据、施工计划、施工工艺技术、施工安全保证措施、施工管理和作业人员配备和分工、验收、应急处置措施、计算书并附相关施工图纸和参数表。

**5.3.3** 危大工程专项施工方案审批表应经编制单位相关职能部门、编制单位技术负责人及总承包单位技术负责人签字、加盖单位公章，工程监理单位项目总监理工程师审核签字、加盖执业印章。

**5.3.4** 危大工程交底、验收和监控内容应与方案对应。

**5.3.5** 超过一定规模的危大工程专家论证应依据现行上海市工程建设规范《危险性较大的分部分项工程安全管理规范》DGJ 08—2077 实施并记录。

## 5.4 危大工程交底

**5.4.1** 施工单位应根据危大工程清单以及方案制订交底计划，建立交底目录。

**5.4.2** 危大工程交底记录应包括方案交底、分部分项安全技术交底。

**5.4.3** 危大工程方案交底记录表应按规定包含交底内容、交底日期、被交底单位,并由交底人、被交底人签字确认。

**5.4.4** 危大工程安全技术交底记录表应包含施工部位、作业班组、交底时间、交底内容,并由交底人、被交底人、安全人员签字确认。

**5.4.5** 超过一定规模的危大工程交底记录应保留相应时段交底人和被交底人参加交底的影像见证资料,影像资料应能反映时间、地点、参会人员等内容。

## 5.5 危大工程验收

**5.5.1** 施工单位应根据危大工程清单,在方案审批后制订验收计划,建立验收目录。相关表式按照附录B表B5.5.1执行。

**5.5.2** 危大工程验收记录应包括施工条件验收和过程验收。

**5.5.3** 危大工程施工条件验收表内容应包含前期管理程序及环境、人员、设施设备等保障措施。

**5.5.4** 危大工程施工条件验收后应由项目经理签字并盖章,总监理工程师签字并盖章。

**5.5.5** 危大工程过程验收表内容应包含验收项目、要求、结果、结论,并由验收人员签字确认。

**5.5.6** 危大工程过程验收按规定应由方案编制人员组织相关人员及相关单位进行验收,经施工单位项目技术负责人及总监理工程师签字确认。

## 5.6 危大工程监控

**5.6.1** 危大工程监控记录应包括作业人员登记、危大工程方案实施记录和施工条件保持情况的过程监督记录等。

**5.6.2** 危大工程作业人员登记应包含作业人员姓名、持证情况、作业时间、作业部位和带班负责人、考勤记录等内容。

**5.6.3** 危大工程作业人员须是实名制登记人员,作业人员应在班前签字确认。

**5.6.4** 危大工程方案实施记录内容包括危大工程类别、巡查部位、巡查情况记录、发现问题、处理结果,并应按规定由总包单位项目技术负责人签字确认。

**5.6.5** 危大工程施工条件保持情况记录应包含巡视部位、巡视日期、发现问题、处理要求、复查情况等内容。

**5.6.6** 危大工程施工条件保持情况记录应按规定由总包单位项目技术负责人、危大工程施工单位项目负责人签字确认。

# 6 基本要求类

## 6.1 一般规定

**6.1.1** 基本要求类资料和记录应包含除施工现场危大工程外,所有安全管理对象与事项全过程管理资料与实施记录。主要包括:职责体系、岗位责任制、安全文明措施费用管理、教育培训、过程管理、检查整改、应急事故管理等。相关表式按照附录C执行。

**6.1.2** 总包单位应对分包单位基本要求类资料和记录的管理进行监督检查。

**6.1.3** 基本要求类资料和记录,应可随机组合,适用督查、创优等专题管理目标和事项的记录需求。

## 6.2 组织构架

**6.2.1** 项目部应根据安全管理体系制订安全生产管理网络图,应急管理、防台防汛等网络图参照制订。相关表式按照附录C表C6.2.1执行。

**6.2.2** 安全生产管理网络图内应包括人员姓名、岗位以及分管内容等。

**6.2.3** 项目部的安全生产管理网络图宜设置在工地内醒目位置。

## 6.3 管理职责

**6.3.1** 项目的安全管理职责应包括总包项目部、分包项目部、设备设施物资供应单位、管理人员及作业人员等。

**6.3.2** 安全管理岗位责任的内容应包括安全(消防)管理职责、安全管理工作内容、安全管理目标等,并由项目经理和岗位责任人签字确认。相关表式按照附录 C 表 C6.3.1 和表 C6.3.2 执行。

**6.3.3** 总包单位对各分包单位每月进行安全生产标准化考评,考评依据应包括安全生产职责落实情况、危险性较大分部分项工程监控情况、分包单位人员到岗履职情况等。

**6.3.4** 项目部应依据各岗位安全管理活动的过程记录、奖惩情况等,考核其安全管理履职情况,形成安全管理责任考核表。岗位责任考核记录宜包含考核记录、考核标准、考评等级内容,并由考核人、被考核人签字确认。相关表式按照附录 C 表 C6.3.3 执行。

**6.3.5** 作业人员考核应依据现行上海市工程建设规范《建设工程班组安全管理标准》DG/TJ 08—2061 实施并记录。

## 6.4 安全防护、文明施工措施费

**6.4.1** 安全防护、文明施工措施费(以下简称:安措费)台账包括安措费项目、计划和使用台账。

**6.4.2** 安措费项目表应与投标内容一致,因工程造价、工程设计或施工条件变化时,安措费做相应修订和调整。相关表式按照附录 C 表 C6.4.1 执行。

**6.4.3** 安措费计划应每月按现场进度及安全文明情况编制。相关表式按照附录 C 表 C6.4.2 执行。

**6.4.4** 安措费使用台账应包括时间、金额等。相关表式按照附录 C 表 C6.4.3 执行。

**6.4.5** 安措费项目表、计划表应由预算员编写,由项目负责人审批。

## 6.5 教育培训

**6.5.1** 项目部教育培训对象应包括管理人员和作业人员。

**6.5.2** 项目部人员的安全教育应包括进场教育、日常学习、专项教育等，形成人员安全教育汇总表及安全教育记录。相关表式按照附录 C 表 C6.5.1 和表 C6.5.2 执行。

**6.5.3** 进场教育在各单位进入项目开始施工前进行，应按规定包括规章制度、劳动纪律、急救知识、工作环境、个人防护用品的使用和维护等内容。

**6.5.4** 教育记录应包含教育主题、教育内容、学习时长、日期等，并由接受教育人员签字。

## 6.6 过程管理

**6.6.1** 过程管理应包括方案编制审批、交底、验收、移交等记录。

**6.6.2** 施工组织设计由施工单位组织具备相应专业技术资格的工程技术人员编制，并按规定审批。相关表式按照附录 C 表 C6.6.1 执行。

**6.6.3** 交底包括总包对分包安全总交底、分部分项安全技术交底、每日岗前交底。交底记录宜由交底人收集归档。

**6.6.4** 分包进场时，总包对分包安全总交底的内容应记录包括项目安全管理制度和标准、现场环境条件、项目部组织结构等。相关表式按照附录 C 表 C6.6.2 执行。

**6.6.5** 安全总交底由总包组织交底的管理人员和参与的分包管理人员签字。

**6.6.6** 在施工作业前，总包单位应向施工作业人员进行分部分项安全技术交底，并填写安全技术交底记录，交底人员与作业人员双方履行签字手续。相关表式按照附录 C 表 C6.6.3 执行。

**6.6.7** 每日岗前交底应依据现行上海市工程建设规范《建设工程班组安全管理标准》DG/TJ 08—2061 实施并记录。

**6.6.8** 总包单位宜建立设施、设备与物资过程验收目录汇总表，相关表式按照附录 C 表 C6.6.5 执行，按规定做好进场验收、过程

验收,并做好记录。相关表式按照附录 C 表 C6.6.4 和表 C6.6.6
执行。

**6.6.9** 动火作业前,总包单位项目经理应按规定审查签发"动火作业许可证"。

**6.6.10** 施工现场进行场地移交、设施移交和设备移交应编制移交单。相关表式按照附录 C 表 C6.6.7 执行。

**6.6.11** 移交单应包括交底、验收等内容。

**6.6.12** 移交双方相关负责人应在"移交单"上签字,双方法人单位或项目部盖章确认。

## 6.7 检查整改

**6.7.1** 施工现场检查整改资料包括各类安全专项检查记录、项目负责人带班记录、项目周检日巡记录以及相应的整改复查记录、停复工检查记录、项目隐患排查统计记录等。

**6.7.2** 总包单位安全员应在项目开工后建立项目安全检查计划清单,明确检查类别、组织实施人、参加对象、排查范围、所采用的表式、需要配备的测试工具等,经项目经理签字确认。相关表式按照附录 C 表 C6.7.1 执行。

**6.7.3** 分包单位进场后应根据总包检查计划清单,结合自身的施工内容,相应编制安全检查计划清单,报总包安全员备案。

**6.7.4** 项目负责人每天应填写项目负责人带班生产情况记录,形成带班记录台账。台账应由封面、带班人委任书、带班人员安全生产考核证书、企业负责人带班记录以及项目负责人每日带班记录组成。相关表式按照附录 C 表 C6.7.2 执行。

**6.7.5** 项目部安全员应每日开展安全巡查;总包单位应按规定每周组织一次项目安全大检查,填报上海市建设工程施工现场安全检查记录表。相关表式按照附录 C 表 C6.7.3 执行。

**6.7.6** 项目部按规定组织开展的包括专业检查、季节性检查、停复工检查等各类专项检查,应留存各专项检查记录或填写专项检查表。相关表式按照附录C表C6.7.4～表C6.7.6执行。

**6.7.7** 项目部安全员应留存并立即处置各类上级及相关方的安全检查记录,并登记存档。

**6.7.8** 对各类检查有整改项的应落实整改,除有规定整改回复格式的,均应填写隐患整改措施记录表,整改完成后由安全员进行复查消项并存档。相关表式按照附录C表C6.7.7执行。

**6.7.9** 塔吊、施工升降机等特种设备应按规定每天进行例行检查保养,并做好例保记录;按规定每月应组织至少一次专项维护检查,并有维护保养记录。

**6.7.10** 项目各单位电气主管人员应按规定定期组织临电专项检查,记录绝缘电阻值和接地电阻值。电工应按规定每日巡检并做好维修保养记录。

**6.7.11** 总包单位应按规定每月汇总统计项目隐患排查情况,形成安全生产隐患排查治理情况统计表。相关表式按照附录C表C6.7.8执行。

## 6.8 应急和事故管理

**6.8.1** 总包单位应按规定组织编制项目应急预案建立明细,组织应急演练,根据演练评价结果对预案进行修订,并形成相关记录。

**6.8.2** 每次应急响应,项目安全员应归档下列资料:应急前动员及检查记录,应急过程记录,应急物资使用、消耗及补充档案,应急事件后的检查记录、应急小结及修订计划。

**6.8.3** 项目总包安全员应建立生产安全事故管理档案,对发生的所有生产安全事故及事件进行登记处理。

**6.8.4** 生产安全事故档案应主要包括以下资料:上报记录、调查小组名单、调查报告、整改记录、教育记录、医疗档案等。

# 7 信息系统管理

**7.0.1** 应建立信息系统对施工现场资料与记录进行管理。系统应满足资料与记录管理各相关单位及个人的数据录入功能,以及数据共享、分析、汇总功能。

**7.0.2** A、B、C三类资料与记录的数据应援用源头数据,确保数据的通用性、真实性。应具备共享数据的关联功能,一次录入后,可直接调用。

**7.0.3** 资料和记录的录入权限应与岗位职责一致,实现行为显性,可同步考核责任落实的功能。

**7.0.4** 资料和记录应根据相关单位或事项的不同需求,生成个性化清单,自由组合成册。

**7.0.5** 信息平台可根据需要对资料与记录进行锁定或追溯。

# 附录 A 基本条件类附表

表 A4.2.1 分包(供)单位名录

| 序号 | 单位名称 | 资质/有效期 | 安全生产许可证有效期 | 合同编号 | 合同关系 | 安全协议 | 承包范围/供应内容 | 是否含危大/产品型号 | 承包商(供应商) 人员数量/产品数量 | 承包部位/产品使用部位 | 是否有自带设备 | 合同开工/进场时间 | 合同竣工/退场时间 | 备注 |
|---|---|---|---|---|---|---|---|---|---|---|---|---|---|---|
| | | | | | | | | | | | | | | |
| | | | | | | | | | | | | | | |
| | | | | | | | | | | | | | | |
| | | | | | | | | | | | | | | |
| | | | | | | | | | | | | | | |

注：合同关系填写合同发包单位名称或序号；安全协议填写是否签定；产品：设备、设施、物资；相关企业证照附在本表之后。

填报人：

— 19 —

表 A4.2.2 分包单位实施汇总表

| 序号 | 单位名称 | 基础管理 | | 过程管理 | | | | | 绩效 | | 备注 |
|---|---|---|---|---|---|---|---|---|---|---|---|
| | | 实名登记考勤 | 管理人员到岗 班组管理 | 方案 | 交底 | 验收 | 检查整改 | 教育 | 事故事件 | 惩处 | 奖励 | |
| | | | | | | | | | | | | |
| | | | | | | | | | | | | |
| | | | | | | | | | | | | |
| | | | | | | | | | | | | |
| | | | | | | | | | | | | |
| | | | | | | | | | | | | |
| | | | | | | | | | | | | |

注：1. 基础管理体现分包单位自我管理；过程管理体现接受总包安全教育和落实各项安全指令的情况；绩效包括违章、事故事件、奖惩等。
2. 每一项记录均源于日常数据的汇总记录。企业可根据记录表总体排名评判，也可自行设计计算模型评判。

表 A4.3.1 管理人员名录

| 单位名称 | 序号 | 姓名 | 身份证 | 年龄 | 性别 | 岗位 | 职称/级 | 资格证书编号 | 证书有效期限 | 三类人员证书编号 | 证书有效期限 | 联系方式 | 进/退场日期 | 备注 |
|---|---|---|---|---|---|---|---|---|---|---|---|---|---|---|
| | | | | | | | | | | | | | | |
| | | | | | | | | | | | | | | |
| | | | | | | | | | | | | | | |
| | | | | | | | | | | | | | | |
| | | | | | | | | | | | | | | |
| | | | | | | | | | | | | | | |
| | | | | | | | | | | | | | | |

注：1. 本表包含总包单位、专业分包单位、劳务分包单位管理人员基本信息。
2. 劳务分包班组长，视其为管理人员。
3. 人员提前退场的，在备注注明替换人员。
4. 附相应的岗位任命书、授权书、资格证书、岗位证书、考核证书等资料。

表 A4.3.2 建筑工人名录

| 单位名称 | 序号 | 姓名 | 身份证 | 性别 | 工种 | 所属班组 | 上岗证 ||| 操作证 ||||| 进本工程日期 | 离本工地日期 | 备注 |
|---|---|---|---|---|---|---|---|---|---|---|---|---|---|---|---|---|
| | | | | | | | 上岗证号 | 发证日期 | 复审日期 | 操作证号 | 发证日期 | 复审日期 | 发证单位 | 下次复审日期 | | | |
| | | | | | | | | | | | | | | | | | |
| | | | | | | | | | | | | | | | | | |
| | | | | | | | | | | | | | | | | | |
| | | | | | | | | | | | | | | | | | |
| | | | | | | | | | | | | | | | | | |
| | | | | | | | | | | | | | | | | | |
| | | | | | | | | | | | | | | | | | |
| | | | | | | | | | | | | | | | | | |

注：1. 本表可从实名登记系统内下载。
2. 备注栏注明班组长，班组安全员，新上岗工人，特种作业人员等，特种人员还须标注其关联设备。
3. 附相应的身份证件，上岗证、操作证等资料。

— 22 —

表 A4.3.3 建筑工人实施汇总表

| 序号 | 单位名称 | 姓名 | 身份证号码 | 班组 | 日常管理 | | | | 作业管理 | | | | | | 安全绩效 | | |
|---|---|---|---|---|---|---|---|---|---|---|---|---|---|---|---|---|---|
| | | | | | 考勤 | 继续教育 | 现场业余生活 | 晨会 | 个体防护 | 个人标识 | 规范操作 | 作业文明 | 设施维护 | 落手清 | 入库 | 交接 | 安全事故 | 违章记录 | 奖励记录 |
| | | | | | | | | | | | | | | | | | | | |
| | | | | | | | | | | | | | | | | | | | |
| | | | | | | | | | | | | | | | | | | | |
| | | | | | | | | | | | | | | | | | | | |
| | | | | | | | | | | | | | | | | | | | |
| | | | | | | | | | | | | | | | | | | | |
| | | | | | | | | | | | | | | | | | | | |
| | | | | | | | | | | | | | | | | | | | |

注：填报内容依据现行上海市工程建设规范《建设工程班组安全管理标准》DG/TJ 08—2061，定期实施记录的汇总。

表 A4.4.1 设备、设施与物资目录清单

| 序号 | 名称及型号(编号) | 数量 | 所属单位 | 生产许可证或备案证明(编号) | 出厂合格证/质保书 | 使用部位 | 进场检测报告 | 备注 |
|---|---|---|---|---|---|---|---|---|
|  |  |  |  |  |  |  |  |  |
|  |  |  |  |  |  |  |  |  |
|  |  |  |  |  |  |  |  |  |
|  |  |  |  |  |  |  |  |  |
|  |  |  |  |  |  |  |  |  |
|  |  |  |  |  |  |  |  |  |
|  |  |  |  |  |  |  |  |  |
|  |  |  |  |  |  |  |  |  |
|  |  |  |  |  |  |  |  |  |
|  |  |  |  |  |  |  |  |  |
|  |  |  |  |  |  |  |  |  |

表 A4.4.2 设备、设施与物资实施汇总表

| 序号 | 名称及型号（编号） | 操作人 | 进/退场时间 | 安拆单位 | 现场检测报告编号 | 检测结果 | 验收时间 | 验收结果 | 日常检查时间 | 检查结果 | 备注 |
|---|---|---|---|---|---|---|---|---|---|---|---|
| | | | | | | | | | | | |
| | | | | | | | | | | | |
| | | | | | | | | | | | |
| | | | | | | | | | | | |

表 A4.5.1 文件清单

| 分类 | 序号 | 类别 | 名称 | 文号 | 实施日期 | 发文单位 | 来文时间 | 收文部门 | 存放形式 | 备注 |
|------|------|------|------|------|----------|----------|----------|----------|----------|------|
|      |      |      |      |      |          |          |          |          |          |      |
|      |      |      |      |      |          |          |          |          |          |      |
|      |      |      |      |      |          |          |          |          |          |      |
|      |      |      |      |      |          |          |          |          |          |      |
|      |      |      |      |      |          |          |          |          |          |      |
|      |      |      |      |      |          |          |          |          |          |      |
|      |      |      |      |      |          |          |          |          |          |      |
|      |      |      |      |      |          |          |          |          |          |      |
|      |      |      |      |      |          |          |          |          |          |      |
|      |      |      |      |      |          |          |          |          |          |      |

注：1. 分类包括：法律、行政法规、本市地方性法规、部门章程、本市地方性规章、安全生产标准、安全技术规程、企业（项目）管理制度、相关方来往文件等。
2. 类别仅针对规范标准、文件，包括：安全管理、基坑工程、脚手架、高处作业、模板工程、用电管理、机械设备、消防安全、文明施工、其他。
3. 存放形式：电子版、汇编、单页等。

# 附录 B 核心要求类附表

表 B5.2.1 危大工程清单

| 序号 | 本工程危大工程目录 | 是否超规模 | 关注重点 | 施工单位 | 单位工程名称 | 部位 | 计划实施时间 |
|---|---|---|---|---|---|---|---|
|  |  |  |  |  |  |  |  |
|  |  |  |  |  |  |  |  |
|  |  |  |  |  |  |  |  |
|  |  |  |  |  |  |  |  |
|  |  |  |  |  |  |  |  |
|  |  |  |  |  |  |  |  |
|  |  |  |  |  |  |  |  |
|  |  |  |  |  |  |  |  |
|  |  |  |  |  |  |  |  |
|  |  |  |  |  |  |  |  |

项目经理：  项目技术负责人：  编制人：

注：1. 目录依据关于实施《危险性较大的分部分项工程安全管理规定》有关问题的通知《建办质〔2018〕31号》按照本工程实际情况填写，危大工程调整后及时更新。
2. 本表可由安全标准化系统自动生成。
3. 关注重点内容依据现行上海市工程建设规范《危险性较大的分部分项工程安全管理规范》DGJ 08—2077及专项方案要求。

表 B5.2.2 危大工程实施汇总表

工程名称：　　　　　　　　　　　　　　　　　　　　　　　　　　　　　　　　　　　　编制日期：

| 序号 | 危大工程名称 | 是否超规模 | 单位工程 | 实施部位 | 开始时间 | 结束时间 | 专项方案编制 | | | 专项方案论证 | | | | | 方案交底时间 | 安全技术交底时间 | 条件验收时间/结论 | 过程验收时间/结论 | 监控时间/结论 |
|---|---|---|---|---|---|---|---|---|---|---|---|---|---|---|---|---|---|---|---|
| | | | | | | | 单位/时间 | 审核时间 | 自行/机构 | 专家/机构名称 | 论证结论 | 整改项 | 指导结论 | 仲裁结论 | | | | | |
| | | | | | | | | | | | | | | | | | | | |
| | | | | | | | | | | | | | | | | | | | |
| | | | | | | | | | | | | | | | | | | | |
| | | | | | | | | | | | | | | | | | | | |
| | | | | | | | | | | | | | | | | | | | |
| | | | | | | | | | | | | | | | | | | | |
| ... | | | | | | | | | | | | | | | | | | | |

项目经理：　　　　　　　　　　　　项目技术负责人：　　　　　　　　　　　　编制人：

注：按照本工程实际情况汇总填写。

表 B5.5.1 危大工程交底、过程验收目录

| 序号 | 分类 | 验收工程名称 | 规范编号 | 本工程是否涉及 | 计划交底次数及日期 | 计划验收次数及日期 | 备注 |
|---|---|---|---|---|---|---|---|
| 1 | 基坑工程 | 基坑支护验收表 | JGJ 33 | | | | |
| 2 | | 桩工机械安装验收记录表 | | | | | |
| 3 | 模板工程及支撑体系 | 模板支撑系统验收记录表 | DG/TJ 08-16 JGJ 162 | | | | |
| 4 | 起重吊装及起重机械安装拆卸工程 | 塔式起重机安装验收记录表 | JGJ 196 | | | | |
| 5 | | 施工升降机安装验收记录表 | JGJ 215 | | | | |
| 6 | | 井架与龙门架搭设验收记录表 | JGJ 88 | | | | |
| 7 | 脚手架工程 | 落地式脚手架搭设验收记录表 | JGJ 130 | | | | |
| 8 | | 悬挑式脚手架验收记录表 | JGJ 231 | | | | |
| 9 | | 附着式升降脚手架首次安装完毕及使用前检查验收表 | JGJ 130 | | | | |
| 10 | | 附着式升降脚手架(升、降)验收记录表 | JGJ 183 | | | | |
| 11 | | 悬挑式卸料平台验收记录表 | | | | | |
| 12 | 其他 | …… | | | | | |

注:按照本工程实际情况汇总填写。

# 附录 C 基本要求类附表

表 C6.2.1 安全生产管理网络图

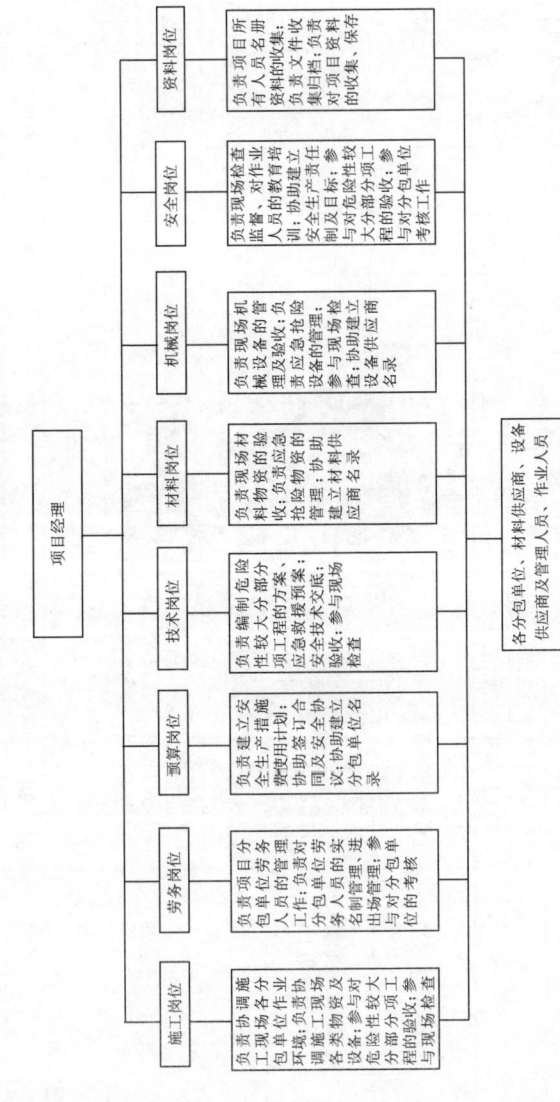

填写说明：各岗位应填写人员姓名、职务、联系方式，与人员管理资料相匹配；各岗位安全生产管理职责包含但不限于上述内容，可补充。

## 表 C6.3.1　　项目经理安全生产职责(样张)

1. 负责制定安全管理目标和保障措施。
2. 负责建立项目管理机构,负责落实安全责任制。
3. 负责对安全防护、文明措施费用的使用计划和保障足额使用。
4. 负责签订分包合同,同时签订安全生产协议。对分包(供)队伍的考核与评价工作。
5. 负责带班生产,主持工程安全例会,安排、协调各项安全工作任务。
6. 负责在发生事故时按规定报告,及时开展应急救援、采取防范措施,配合有关部门的事故调查,负责落实事故后的整改措施。
7. 其他补充:


签订人:上级安全管理责任人　　　　责任人:项目经理
　　　　　　　　　　　　　　　　　×××项目部
　　　　　　　　　　　　　　　　　日期:


说明:1. 职责来源于法定的、相关管理规范、规范性文件规定、企业管理规定和管理需要。
　　2. 项目经理安全生产管理职责应包含但不限于上述内容,可补充。
　　3. 职责的落实应有与之对应的记录。

## 表 C6.3.2 项目安全员安全生产职责(样张)

1. 负责施工现场安全生产的监督管理工作。
2. 协助项目经理建立安全生产责任制及制定项目安全管理目标。
3. 参与组织编制施工组织设计、安全技术措施;参与编制、论证和实施危险性较大分部分项工程专项方案;参与安全技术交底。
4. 参与对进场的单位、设备、设施、物资及业人员的进场验收工作;参与考核与评价工作。
5. 参与对危险性较大分部分项工程施工的监督管理、使用前验收。
6. 负责实施安全生产检查工作,落实整改措施,对违章作业和安全隐患进行处置。
7. 负责对作业人员的安全教育培训。
8. 参与工程安全例会,协助项目经理分析、讲评、落实安全工作任务。
10. 协助项目经理在发生事故时及时开展应急救援、事故调查及整改措施的落实。
11. 负责安全生产过程资料的记录、整理、汇总。
12. 其他补充:


项目经理:                  岗位责任人:安全员

                                      日期:


说明:1. 职责来源于法定的、相关管理规范、规范性文件规定、企业管理规定和管理需要。
    2. 安全员安全生产管理职责应包含但不限于上述内容,可补充。
    3. 职责的落实应有与之对应的记录。

表 C6.3.3 项目经理安全管理责任考核表(样表)

| 岗位 | 序号 | 考核内容 | 考核依据 | 是否符合 | 不符内容 | 考核结果 |
|---|---|---|---|---|---|---|
| 项目经理 | 1 | 制定安全管理目标 | 相关资料 | | | |
| | 2 | 制定安全保障措施 | | | | |
| | 3 | 建立项目管理机构 | | | | |
| | 4 | 安全生产费用的足额使用 | | | | |
| | 5 | 签订分包(供)合同,同时签订安全生产协议 | | | | |
| | 6 | 主持召开工程安全例会安排、协调各项安全工作任务 | 日常记录 | | | |
| | 7 | 带班生产 | | | | |
| | 8 | 事故应急管理和事后处置 | | | | |
| | 9 | 组织对分包队伍的考核与评价工作 | | | | |
| | 10 | 落实岗位安全责任制 | | | | |
| | 11 | 项目不良记录 | 上级或外部记录 | | | |
| | 12 | 项目优良业绩 | | | | |

说明:考核内容与安全生产职责一致。

考核人:上级安全管理责任人签名　　　　被考核人:签名

　　　　　　　　　　　　　　　　　　　　　　年　月　日

表 C6.4.1 安全防护、文明施工措施费用项目表

| 序号 | 类别 | 一级目录 | 二级目录 | 实施部位 | 工作量 | 实施标准 | 备注 |
|---|---|---|---|---|---|---|---|
| 1 | 环境保护 | 扬尘控制 | 覆盖、绿化、洒水、清扫、遮挡 | | | | |
| 2 | 文明施工 | | | | | | |
| 3 | 安全施工 | | | | | | |
| 4 | 临时设施 | | | | | | |
| 合计： 万元 | | | | | | | |

表 C6.4.2 安全防护、文明施工措施费计划

| 序号 | 类别 | 内容 | 实施次数 | 实施时间 | 工作量 | 备注 |
|---|---|---|---|---|---|---|
| 1 | 环境保护 | | | | | |
| | | | | | | |
| | | | | | | |
| | | | | | | |
| | | | | | | |
| | | | | | | |
| 2 | 文明施工 | | | | | |
| | | | | | | |
| 3 | 安全施工 | | | | | |
| | | | | | | |
| 4 | 临时设施 | | | | | |
| 上述计划按规定定期编制 | | | | | | |

编制人：　　　　　　　　　　　审批人：

年　月　　　　　　　　　　　　年　月

表C6.4.3 安全防护、文明施工措施费使用表

| 序号 | 类别 | 内容 | 金额 | 时间 | 备注 |
|---|---|---|---|---|---|
| 1 | 环境保护 | | | | |
| | | | | | |
| | | | | | |
| | | | | | |
| | | | | | |
| | | | | | |
| 2 | 文明施工 | | | | |
| | | | | | |
| 3 | 安全施工 | | | | |
| | | | | | |
| | | | | | |
| 4 | 临时设施 | | | | |

总计金额：

使用表按规定定期编制

编制人： 审批人：
　　年　月 　　年　月

表 C6.5.1 人员安全教育汇总表

工程名称(盖章):

| 序号 | 单位 | 教育人员类别 | 教育人员数 | 教育时间 | 教育形式 | 教育内容 | 备注 |
|---|---|---|---|---|---|---|---|
| 1 | | | | | 进场教育日常学习 | | |
| 2 | | | | | | | |
| 3 | | | | | | | |
| 4 | | | | | | | |
| 5 | | | | | | | |
| 6 | | | | | | | |
| 7 | | | | | | | |
| 8 | | | | | | | |
| 9 | | | | | | | |
| 10 | | | | | | | |

注:人员类别为管理人员和建筑工人。

— 37 —

表 C6.5.2　安全教育记录(样表)

教育形式:□进场教育　□日常学习　□专项教育　□季节性教育
人员类别:□总包管理人员　□分包管理人员　□建筑工人

| 主讲单位(部门) | | 主讲人 | | 人数 | 人 |
|---|---|---|---|---|---|
| 受教育单位(部门) | | 教育学习时段 | | | |
| 教育主题 | | | | 日期 | |
| 教育内容: | | | | | |
| 1. | | | | | |
| 2. | | | | | |
| 3. | | | | | |
| 4. | | | | | |
| 5. | | | | | |
| 6. | | | | | |
| 7. | | | | | |
| 8. | | | | | |
| 9. | | | | | |
| 10. | | | | | |
| 11. | | | | | |
| 12. | | | | | |
| 13. | | | | | |
| 14. | | | | | |
| 15. | | | | | |
| | | | | 记录人:(签名) | |
| 参加对象:(签名) | | | | | |
| | | | | | |

注:教育内容根据教育形式及人员类别,由主讲单位(部门)自行填写,符合教育主题。

## 表 C6.6.1  施工组织设计(方案)审批表

工程名称：_____  文件名称：_____
施工单位：_____  建设单位：_____
设计单位：_____  编制人(岗位)：_____

| 项目部审查 | 审查意见：<br><br>安全工程师：_____<br>　　年　月　日 | 审查意见：<br><br>项目工程师：_____<br>　　年　月　日 | 审查意见：<br><br>项目经理：_____<br>　　年　月　日 |
|---|---|---|---|
| 企业部门审核 | 技术：<br>工程：<br>安全：<br>其他相关职能部门(如：材料、设备等)： | | |
| 企业审批 | 审批意见：<br><br>　　　　　　　　　　　　　　　　技术负责人：_____<br>　　　　　　　　　　　　　　　　　　年　月　日 | | |
| | 审查意见：<br><br>　　　　　　　　　　　　　　　　专业监理工程师：_____<br>　　　　　　　　　　　　　　　　日期：_____ | | |
| | 审核意见：<br><br>　　　　　　　　　　　　　　　　项目监理机构：_____<br>　　　　　　　　　　　　　　　　总监理工程师：_____<br>　　　　　　　　　　　　　　　　(签字、加盖执业印章)日期：_____ | | |
| | 审批意见(仅对超过一定规模的危险性较大分部分项工程专项方案)：<br><br>　　　　　　　　　　　　　　　　建设单位：_____<br>　　　　　　　　　　　　　　　　建设单位代表：_____<br>　　　　　　　　　　　　　　　　日期：_____ | | |

注：本表一式三份，项目监理机构、建设单位、施工单位各一份。

### 表 C6.6.2 进场安全总交底

| 进场单位 | | 进场日期 | | 交底日期 | |
|---|---|---|---|---|---|
| 交底内容：<br>    1. 项目概况、现场安全生产环境条件。<br>    2. 项目管理制度、标准、组织结构。<br>    3. 合同约束条件、安全管理要求。<br>    4. 其他交底内容。 | | | | | |
| 交底单位 | | | 交底人 | | |
| 交底单位其他<br>参与人员 | | | | | |
| 被交底单位 | | | 被交底负责人 | | |
| 被交底单位其他<br>参与人员 | | | | | |

注：本表适用于总包单位对分包单位及专业分包单位对所属劳务分包单位做进场安全总交底。

## 表 C6.6.3 安全技术交底

施工部位： 　　　　　　　　　　　　　　　　　　　　编号：

| 交底人 | | 作业班组 | |
|---|---|---|---|
| 被交底单位 | | 交底日期 | 年　月　日 |

被交底人：

安全技术交底内容：
1. 施工部位、工艺、环节的内容和环境条件(详见方案_____)。
2. 专业分包单位、作业班组应熟悉掌握的相关现行标准规范、安全生产规章制度和操作规程。
3. 人员、机械设备、物资材料的配备及关键部位、工艺、环节与节点的安全技术防护措施。
4. 检查、验收的组织、要点、节点等相关要求。
5. 与之衔接、交叉的施工部位、工序的安全技术防护措施。
6. 事故应急措施及相关注意事项。

注：1. 交底人原则上谁安排工作谁交底。
　　2. 涉及危大工程的，应由项目专职安全员签字确认。
　　3. 下划线内容应详细填写专项方案页码及章节条款。

## 表 C6.6.4 进场验收记录表

单位名称：＿＿×××××××公司

☐租赁 ☐购买

| 序号 | 验收项目 | 验收内容 | 抽查数量 | 验收结果 | 存在问题 |
|---|---|---|---|---|---|
| 1 | 资料 | 出厂合格证、质保书 | | | |
| 2 | | 出厂抽检记录 | | | |
| 3 | | 隐蔽工程资料 | | | |

| 序号 | 验收项目 | 验收内容 | | 验收标准 | 验收结果 | 存在问题 |
|---|---|---|---|---|---|---|
| 4 | 实体 | | | | | |
| 5 | | | | | | |

验收意见：

| 监理单位 | 总包单位 | 供应单位 | 验收日期 |
|---|---|---|---|
|  |  |  |  |

注：本表验收内容可由现场实际情况自行添加。

表 C6.6.5 过程验收目录汇总表

| 序 | 分类 | 验收工程名称 | 编制依据 | 本工程是否涉及 | 计划验收次数 | 验收日期 | 验收结论 | 备注 |
|---|---|---|---|---|---|---|---|---|
| 1 | 设施验收 | 模板工程安全验收表 | JGJ 162<br>JGJ 231 | | | | | |
| 2 | | 落地式钢管扣件脚手架搭设验收表 | JGJ 130 | | | | | |
| 3 | | 门型脚手架验收表 | JGJ 128 | | | | | |
| 4 | | 安全防护设施验收表 | JGJ 80 | | | | | |
| 5 | | 消防设施验收记录表 | GB 50720 | | | | | |
| 6 | 设备验收 | 桩工机械安装验收记录表 | JGJ 33 | | | | | |
| 7 | | 施工机具验收记录表 | JGJ 33 | | | | | |
| 8 | 其他验收 | 钢管、扣件验收记录 | 沪建质〔2016〕256号附件2 | | | | | |
| 9 | | 施工现场临时用电验收表 | JGJ 46 | | | | | |
| 10 | | 临时性建筑物 | DGJ 08—114 | | | | | |

注：验收表根据各编制依据进行优化，但管理要素不得少，管理要求不得降低。

表 C6.6.6 过程验收记录表

工程名称：　　　　　　　　　　　　　　　　　　　　　　　　单位名称：

| 序号 | 验收项目 | 验 收 要 求 | 检验结果 |
|---|---|---|---|
| 1 | 内业资料 | | |
| 2 | 制作组装 | | |
| 3 | 安全装置 | | |
| 4 | …… | | |
| 5 | | | |
| 6 | | | |

验收意见：

注：1. 验收栏目内有数据的，必须在验收栏内填写实测的数据，无数据的，用文字说明。
　　2. 此验收表只能作一次使用，分阶段验收合格后挂牌，每次验收合格牌挂一次验收牌。验收合格牌必须有所有编号，并注明验收日期。
　　3. 此表施工单位可优化调整，但管理要素不得少于上表。

验收人员：

| 验收数量 | 验收日期 | 施工班组 | 总包单位项目技术负责人 |
|---|---|---|---|
| 使用部位 | 合格牌编号 | 专业单位现场负责人 | 总监 |

表 C6.6.7 移交单

| 工程名称 | | 总包单位 | |
|---|---|---|---|
| 设施(设备、场地)移交单位 | | 设施(设备、场地)接受单位 | |
| 移交部位或设施 | | | |
| 移交单位交底：<br><br>目前贵公司上述区域即将开始施工，该设施(设备、场地)安全、可靠、完好。今日正式将该设施(设备、场地)移交给贵公司，移交周期为＿＿＿天。移交后，贵公司承担相应安全生产责任。 | | 接受单位验收意见：贵公司已对该设施(设备、场地)进行验收，符合安全、可靠、完好要求，自接受之日起，本公司承担相应安全生产责任。 | |
| 移交人 | | 接受人 | |
| 移交单位负责人 | | 接受单位负责人 | |
| 移交日期 | | 接受日期 | |
| 总包单位意见：<br><br><br>负责人：<br>日期： 年 月 日 | | | |

注：1. 凡施工中甲单位的安全防护设施或设备由乙单位在施工中使用时，或由乙单位委托甲单位搭设的安全防护设施及提供的设备时，必须办理交接验收记录。
2. 移交单位的安全防护设施或设备、防护标准必须符合规定要求，接收单位在验收合格接受后，施工中必须保持安全设施或设备的完好。

表 C.6.7.1 项目安全检查计划清单

| 类别 | 检查内容 | 序号 | 检查表 | 本工程是否涉及 | 组织单位/组织人 | 参加单位/参加部门 | 计划开始实施时间 | 检查频次 | 需要的检查工具 | 备注 |
|---|---|---|---|---|---|---|---|---|---|---|
| 固定检查 | 月检查 | 1 | 安全检查记录表(表C.6.7.3) | | | | | | | |
| | 周检查 | 2 | 安全检查记录表(表C.6.7.3) | | | | | | | |
| | 日巡 | 3 | 企业自定 | | | | | | | |
| | 项目经理带班 | 4 | 项目负责人带班生产情况记录表(表C.6.7.2) | | | | | | | |
| 专项检查 | 停工检查 | 5 | 停工后专项检查汇总表(表C.6.7.6) | | | | | | | |
| | 复工检查 | 6 | 复工前专项检查汇总表(表C.6.7.7) | | | | | | | |
| | 钢管扣件脚手架 | 7 | JGJ 130 附录 C<br>JGJ 59 表 B.3 | | | | | | | |
| | 门式脚手架 | 8 | JGJ 59 表 B.4 | | | | | | | |
| | 碗扣式脚手架 | 9 | JGJ 59 表 B.5<br>JGJ 166 附录 D | | | | | | | |
| | 承插型盘扣式脚手架 | 10 | JGJ 59 表 B.6 | | | | | | | |
| | 满堂脚手架 | 11 | JGJ 59 表 B.7 | | | | | | | |
| | 悬挑式脚手架 | 12 | JGJ 59 表 B.8 | | | | | | | |

— 46 —

续表C6.7.1

| 类别 | 检查内容 | 序号 | 检查表 | 本工程是否涉及 | 组织单位/组织人 | 参加单位/参加部门 | 计划开始/实施时间 | 检查频次 | 需要的检查工具 | 备注 |
|---|---|---|---|---|---|---|---|---|---|---|
| 专项检查 | 附着式升降脚手架 | 13 | JGJ 59 表 B.9 | | | | | | | |
| | 高处作业吊篮 | 14 | JGJ 59 表 B.10 | | | | | | | |
| | | 15 | 日检表（设备自带） | | | | | | | |
| | 基坑工程 | 16 | JGJ 59 表 B.11 | | | | | | | |
| | 模板支架 | 17 | JGJ 59 表 B.12 | | | | | | | |
| | 高处作业 | 18 | JGJ 59 表 B.13 | | | | | | | |
| | 临时用电 | 19 | JGJ 59 表 B.14 | | | | | | | |
| | | 20 | 接地电阻检查表（自行设计） | | | | | | | |
| | | 21 | 绝缘电阻检查表（自行设计） | | | | | | | |
| | 物料提升机 | 22 | JGJ 59 表 B.15 | | | | | | | |
| | | 23 | 设备自带 | | | | | | | |
| | 施工升降机 | 24 | JGJ 59 表 B.16 | | | | | | | |
| | | 25 | JGJ 215 附录 D | | | | | | | |
| | | 26 | JGJ 215 附录 E | | | | | | | |

续表C6.7.1

| 类别 | 检查内容 | 序号 | 检查表 | 本工程是否涉及 | 组织单位/组织人 | 参加单位/参加部门 | 计划开始/实施时间 | 检查频次 | 需要的检查工具 | 备注 |
|---|---|---|---|---|---|---|---|---|---|---|
| 专项检查 | 塔式起重机 | 27 | JGJ 59 表 B.17 | | | | | | | |
| | | 28 | 塔式起重机钢结构组合式基础平台检查表(相关文件) | | | | | | | |
| | | 29 | JGJ 196 附录 C | | | | | | | |
| | | 30 | 每日例保检查 | | | | | | | |
| | 起重吊装 | 31 | JGJ 59 表 B.17 | | | | | | | |
| | | 32 | 企业自行设计 | | | | | | | |
| | 施工机械 | 33 | JGJ 59 表 B.18 | | | | | | | |
| | 装配式建筑 | 34 | 装配整体式混凝土结构工程施工安全检查表(相关文件) | | | | | | | |
| | 消防 | 35 | 自行设计 | | | | | | | |
| | 后勤(宿舍) | 36 | 自行设计 | | | | | | | |
| | 应急物资 | 37 | 自行设计 | | | | | | | |

续表C6.7.1

| 类别 | 检查内容 | 序号 | 检查表 | 本工程是否涉及 | 组织单位/组织人 | 参加单位/参加部门 | 计划开始实施时间 | 检查频次 | 需要的检查工具 | 备注 |
|---|---|---|---|---|---|---|---|---|---|---|
| 专项检查 | 危险品 | 38 | 自行设计 | | | | | | | |
| | …… | | …… | | | | | | | |

注：部分表式需依据相关规范性文件、规范规定，自行设计，如接地电阻检查表、绝缘电阻检查表。

## 表 C6.7.2 项目负责人带班生产情况记录表

工程名称：

| 序号 | 日期 | 带班生产过程中发现问题及处理情况 | 部位 | 是否危大 | 带班生产人签名 |
|---|---|---|---|---|---|
| 1 | | | | | |
| 2 | | | | | |
| 3 | | | | | |
| 4 | | | | | |
| 5 | | | | | |
| 6 | | | | | |
| 7 | | | | | |
| 8 | | | | | |

注：1. 本表由项目负责人（或代行其承担管理工作的人员）填写。
  2. 当天如有施工企业负责人带班检查，则在备注栏中注明。

## 表 C6.7.3 安全检查记录表（编号　　　）

| 施工总包单位 | | | | | | |
|---|---|---|---|---|---|---|
| 监理单位 | | | | | | |
| 检查内容 | 工程名称 | | 形象进度 | | 天气情况 | |
| | 检查日期 | | 检查性质 | □企业检查<br>□专项检查 | | □项目部检查 |
| | 参加检查单位和人员 | 带队检查负责人 | | | | |
| 存在隐患情况（共　　页　第　　条） | | | | | | |
| 序号 | 隐患代号 | 隐患内容<br>（按照JGJ 59内容描述） | 项目部责任人员/相关单位部位 | 要求完成整改日期 | 隐患责任单位签收 | 整改复查结论 |
| | | | | | | 日期 已整改 未整改 |
| | | | | | | 整改到位 整改不到位 |
| 1 | 旧 | | | | | |
| 2 | | | | | | |
| ... | | | | | | |

企业对施工现场检查的评价和要求：

填表人（并盖总包单位项目章或企业章）：　　　　　　　　填表日期：

注：1. 本表由工地总包单位填写每日/周检查或节前、后检查和专项检查的情况，也作为工地总包单位所属企业对工地进行月度检查时使用。
2. 带队检查负责人须为总包项目经理或项目部安全生产管理或项目分管安全负责人，当作为企业对工地每月检查时，则为企业检查人员。
3. 隐患代号根据《关于本市建设工程安全生产隐患排查统计上报工作的通知》（沪建安质监〔2008〕第042号）文件中1—6类隐患的代号（即：1管理：包括制度、人员配置、方案、教育交底等；2机械设备；3用电；4安全设施；5个人防护用品；6其他）。
4. 日、周检查中隐患整改不力的，则在"旧"栏中打"√"。
5. 总包单位对责任单位的整改情况进行复查，确认，在整改复查结论栏中填写日期和打"√"。

表 C6.7.4 专项检查记录

| 工程名称 | | | | | | 检查日期 | | |
|---|---|---|---|---|---|---|---|---|
| 序号 | 检查项目 | 检查标准 | 检查方法 | 检查工具 | 部位 | 检查结果 | 检查人 | 结论 |
| 保证项目 | | | | | | | | |
| | | | | | | | | |
| | | | | | | | | |
| | | | | | | | | |
| | | | | | | | | |
| | | | | | | | | |
| 一般项目 | | | | | | | | |
| | | | | | | | | |
| | | | | | | | | |
| | | | | | | | | |
| | | | | | | | | |

注：检查内容应根据专项检查类型结合项目实际情况在检查前确定。

## 表 C6.7.5　停工后专项检查汇总表

工程名称：　　　　　　　　　　停工日期：

| 序号 | 检查内容 | 检查人 | 检查日期 | 检查结果 |
|---|---|---|---|---|
| 1 | 洞口临边防护设施 | | | |
| 2 | 各类脚手架、吊篮、登高设施 | | | |
| 3 | 临时施工用电设施及电源 | | | |
| 4 | 塔吊、物料提升机、施工升降机等大型设备 | | | |
| 5 | 中小型施工机具 | | | |
| 6 | 办公、生活设施 | | | |
| 7 | 现场清理、保洁、可燃材料安置 | | | |
| 8 | 水源管理 | | | |
| 9 | 门卫、保安值班工作 | | | |
| 10 | 值班人员名单及通讯录 | | | |
| 11 | 作业人员清点、退场 | | | |
| 12 | 消防设施 | | | |
| | | | | |

项目经理签字确认：

　　　　　　　　　　　　　　　　　　　　　　年　月　日

注：1. 本表"检查内容"为参考内容，项目在每次停工检查前可根据项目实际情况对内容进行增减和调整。
　　2. "检查人"应根据项目管理人员分工情况确定，也可由项目经理指定。检查人应由本人签字。
　　3. "检查结果"应为合格和不合格，有不合格项的，应填写检查记录表并落实整改，整改完毕后安排复查。
　　4. 所有检查内容确认合格或复查合格后由项目经理签字，由资料员收集存档。

## 表C6.7.6 复工前专项检查汇总表

工程名称： 复工计划：

| 序号 | 检查内容 | 检查人 | 检查日期 | 检查结果 |
|---|---|---|---|---|
| 1 | 洞口临边防护设施 | | | |
| 2 | 各类脚手架、吊篮、登高设施 | | | |
| 3 | 临时施工用电设施及电源 | | | |
| 4 | 塔吊、物料提升机、施工升降机等大型设备检查及试运作 | | | |
| 5 | 中小型施工机具验收 | | | |
| 6 | 管理人员到岗 | | | |
| 7 | 作业人员培训、教育、持证上岗 | | | |
| 8 | 操作规程交底、安全技术交底 | | | |
| 9 | 办公、生活设施 | | | |
| 10 | 水源管理 | | | |
| 11 | 应急物资 | | | |
| 12 | 消防设施 | | | |
| | | | | |

项目经理签字确认：

年 月 日

注：1. 本表"检查内容"为参考内容，项目在每次复工检查前可根据项目实际情况对内容进行增减和调整。
2. "检查人"应根据项目管理人员分工情况确定，也可由项目经理指定。检查人应由本人签字。
3. "检查结果"应为合格和不合格，有不合格项的，应填写检查记录表并落实整改，整改完毕后安排复查。
4. 所有检查内容确认合格或复查合格后由项目经理签字，资料员收集存档。

## 表 C6.7.7 隐患整改措施记录表

| 单位名称 | | 工程名称 | |
|---|---|---|---|
| 隐患部位 | | 检查日期 | |

| 隐患内容：(请相关责任单位举一反三,按"三定"整改) |
|---|
| |

| 整改措施及实施人： |
|---|
| |
| 制定人：_____ 实施人：_____ 日期：___年___月___日 |

| 整改自查结论 | 按时完成,整改到位 □ | |
|---|---|---|
| | 按时完成,整改不到位 □ | 原因： |
| | 未整改 □ | 原因： |

| 隐患责任单位分管安全负责人：_____ 总包单位验收人：_____ 日期：___年___月___日 |
|---|

填表人： 填表日期：

注：1. 本表由隐患责任单位填写,完成后报总包单位验收并签字,由隐患责任单位留存。
    2. 附整改前后照片。

## 表 C6.7.8 安全生产隐患排查治理情况统计表

( 年 月 )

工地所属企业名称： 所属企业注册地（区，县）：

| 工地名称 | 隐患排查类别 | 一般隐患 | | | 重大隐患 | | | 其中：申请列入企业治理计划的多发或重大隐患 | | | | | | 累计落实治理资金 |
|---|---|---|---|---|---|---|---|---|---|---|---|---|---|---|
| | | 排查隐患 | 其中：已整改 | 整改率 | 排查治理重大隐患 | 其中：已整改销号 | 整改率 | 列入治理计划的 | 其中 | | | | | |
| | | | | | | | | | 落实治理目标任务 | 落实治理经费物资 | 落实治理人员 | 落实治理时间要求 | 落实安全措施应急预案 | |
| | | （项） | （项） | （%） | （项） | （项） | （%） | （项） | （项） | （项） | （项） | （项） | （项） | （万元） |
| 填写并盖章 | 1 | | | | | | | | | | | | | |
| | 2 | | | | | | | | | | | | | |
| | 3 | | | | | | | | | | | | | |
| | 4 | | | | | | | | | | | | | |
| | 5 | | | | | | | | | | | | | |
| 合计 | 类 | 项 | 项 | % | 项 | 项 | % | 项 | 项 | 项 | 项 | 项 | 项 | 万元 |

工地负责人：（签字） 填表人（签字）联系电话： 填报日期： 年 月

# 附录 D  其他附表

表 D1  安全资料和记录管理分工表（样表）

| 分类 | 管理事项 | 编号 | 名称 | 项目经理 | 施工岗位 | 劳务岗位 | 经济预算岗位 | 技术岗位 | 材料岗位 | 机械岗位 | 安全岗位 | 资料岗位 | 其他 |
|---|---|---|---|---|---|---|---|---|---|---|---|---|---|
| A 基本条件类 | 企业证照 4.2.5、4.2.6 | A4.2.1 | 分包(供)单位名录 | ☆ | ☆ | ●☆ | ☆ | ☆ | ● | ●☆ | ☆ | ★○ | |
| | | A4.2.2 | 分包单位实施汇总表 | ☆ | ☆ | ☆ | ☆ | ☆ | ☆ | ☆ | ★● | ○ | ☆ |
| | 人员管理 4.3.1、4.3.6 | A4.3.1 | 管理人员名录 | | | | | ☆ | | | ☆ | ★○ | |
| | | A4.3.2 | 建筑工人名录 | ☆ | | ★● ○ | | | | ●☆ | | | |
| | | A4.3.3 | 建筑工人实施汇总表 | ☆ | ☆ | ☆ | ☆ | ☆ | ☆ | ☆ | ★●☆ | ○ | |
| | 设施、设备与物资 4.4.2、4.4.3 | A4.4.1 | 设备、设施与物资目录清单 | | ★● | | | | ☆○○ | ●○☆○ | | | |
| | | A4.4.2 | 设备、设施与物资实施汇总表 | ☆ | ☆ | ☆ | ☆ | ☆ | ☆ | ☆ | ★● | ○ | |
| | 文件管理 4.5.1 | A4.5.1 | 文件清单 | ☆ | ☆ | ☆ | ☆ | ☆ | ☆ | ☆ | ☆ | ★● | ★☆ |

续表D1

| 分类 | 管理事项 | 编号 | 名称 | 项目经理 | 施工岗位 | 劳务岗位 | 经济预算岗位 | 技术岗位 | 材料岗位 | 机械岗位 | 安全岗位 | 资料岗位 | 其他 |
|---|---|---|---|---|---|---|---|---|---|---|---|---|---|
| B核心要求类 | 危大工程辨识 5.2.1、5.2.4 | B5.2.1 | 危大工程清单 | ★ |  |  |  | ●☆ |  |  |  | ○ |  |
|  |  | B5.2.2 | 危大工程实施汇总表 |  | ☆ |  |  | ☆ |  |  |  | ○ |  |
|  | 危大工程交底、验收、监控 5.5.1 | B5.5.1 | 危大工程交底、过程验收目录 |  | ☆ |  |  | ☆ |  | ☆ | ☆○ |  |  |
| C基本要求类 | 组织架构 6.2.1 | C6.2.1 | 安全生产管理网络图 | ★☆ |  |  |  |  |  |  |  | ● |  |
|  | 管理体系 6.3.2、6.3.4 | C6.3.1 | 安全生产职责 | ★☆ |  |  |  |  |  |  |  | ● | ☆ |
|  |  | C6.3.2 | 安全生产职责 | ★☆ |  |  |  |  |  |  |  | ● | ☆ |
|  |  | C6.3.3 | 安全管理责任考核表 | ★ |  |  |  |  |  |  | ● | ○ |  |
|  | 安全防护、文明施工措施费 6.4.2、6.4.3、6.4.4 | C6.4.1 | 安全防护、文明施工措施费用项目表 |  |  |  | ★☆ | ● |  |  | ○ |  |  |
|  |  | C6.4.2 | 安全防护、文明施工措施费计划 |  |  |  | ★☆ |  |  |  | ○ |  |  |
|  |  | C6.4.3 | 安全防护、文明施工措施费使用表 |  | ☆ |  | ★● |  | ☆ |  | ☆○ |  |  |
|  | 教育培训 6.5.2 | C6.5.1 | 人员安全教育汇总表 |  |  | ☆ |  |  |  |  | ★☆●○ |  |  |
|  |  | C6.5.2 | 安全教育记录 |  |  |  |  |  |  | ☆ | ★☆●○ |  |  |

续表D1

| 分类 | 管理事项 | 编号 | 名称 | 职能部门（或岗位） ||||||||||
|---|---|---|---|---|---|---|---|---|---|---|---|---|---|
| | | | | 项目经理 | 施工岗位 | 劳务岗位 | 经济预算岗位 | 技术岗位 | 材料岗位 | 机械岗位 | 安全岗位 | 资料岗位 | 其他 |
| C基本要求类 | 过程管理 6.6.2, 6.6.4, 6.6.6, 6.6.8, 6.6.10 | C6.6.1 | 施工组织设计（方案）审批表 | ★☆ | | | | ★☆●○ | | | | | |
| | | C6.6.2 | 进场安全总交底 | | ☆ | ☆ | | ☆ | ☆ | ☆ | ☆● | ☆ | ☆ |
| | | C6.6.3 | 安全技术交底 | | ☆ | | | ☆ | | | ★☆ | | |
| | | C6.6.4 | 进场验收记录表 | | | | | ★ | ● | ● | ☆● | ○ | |
| | | C6.6.5 | 过程验收记录汇总表 | | | | | ★ | ● | ● | ☆● | ○ | |
| | | C6.6.6 | 过程验收记录表 | | | | | ★ | ☆ | ● | ☆ | ○ | |
| | | C6.6.7 | 移交单 | | ★☆ | | | ☆ | | | ★ | ○ | |
| | 检查整改 6.7.2, 6.7.4, 6.7.5, 6.7.6, 6.7.8, 6.7.11 | C6.7.1 | 项目安全检查计划清单 | ● | | | | | | | | | |
| | | C6.7.2 | 项目负责人带班生产情况记录表 | ★☆ | | | | | | | ★☆ | | |
| | | C6.7.3 | 安全检查记录表 | | ☆ | | | ☆ | ☆ | ☆ | ★☆ | | ☆ |
| | | C6.7.4 | 专项检查记录 | | ☆ | ☆ | | ☆ | ☆ | ☆ | ★☆● | ○ | ☆ |
| | | C6.7.5 | 停工后专项检查汇总表 | ★ | ☆ | ☆ | | ☆ | ☆ | ☆ | ☆● | ☆○ | ☆ |

续表D1

| 分类 | 管理事项 | 编号 | 名称 | 项目经理 | 施工岗位 | 劳务岗位 | 经济预算岗位 | 技术岗位 | 材料岗位 | 机械岗位 | 安全岗位 | 资料岗位 | 其他 |
|---|---|---|---|---|---|---|---|---|---|---|---|---|---|
| C基本要求类 | 检查整改 6.7.2、6.7.4、6.7.5、6.7.6、6.7.8、6.7.11 | C6.7.6 | 复工前专项检查汇总表 | ★ | ☆ | ☆ | | | ☆ | ☆ | ☆○ | ☆○ | ☆ |
| | | C6.7.7 | 隐患整改措施记录表 | | ★ | ☆ | | | ☆ | ☆ | ●○ | | ☆ |
| | | C6.7.8 | 安全生产隐患排查治理情况统计表 | ★ | | | | | | | ☆● | ○ | |

注：本表依据本标准第3.0.3条原则，并结合本条文规定制定。各项项目负责人在符合本标准第3.0.3条原则的基础上，可结合本项目管理特征调整补充，明确资料与记录管理职责。
★为编制岗位，☆为填报，●为收集岗位，○为汇总或归档。

表 D2 工程安全综合信息表

| | |
|---|---|
| 施工总包单位 | |
| 企业编码 | |
| 安全生产许可证编号 | |
| 法人代表 | |
| 安全考核合格证编号 | |
| 企业联系人、电话 | |
| 工地联系人、电话 | |
| 报建编号 | |
| 所属管理单位 | |
| 工地名称 | |
| 工地编号 | |
| 工程地址 | |
| 是否预制装配式建筑 | |
| 工地类型 | |
| 开工日期: | 竣工日期: |
| 建设单位 | |
| 项目负责人 | |
| 建设单位法人、证件号 | |
| 建筑面积: 合同价: 费用比率: | |
| 安全防护、文明施工措施费用金额: | |
| 受监安监站 | |
| 监理单位 | |
| 总监姓名、证书编号 | |
| 安全监理姓名、身份证号 | |
| 安全监理证书编号 | |

续表 D2

| 三类人员信息 | | | | | |
|---|---|---|---|---|---|
| 姓名 | 类别 | | 证件号 | 安全考核合格证 | 备注 |
| | 企业负责人 | | | | |
| | 项目负责人 | | | | |
| | 安全生产管理人员 | | | | |
| | 安全生产管理人员 | | | | |
| | 安全生产管理人员 | | | | |
| 专业承包及劳务分包单位 | | | | | | | |
|---|---|---|---|---|---|---|---|
| 单位名称 | 单位编码 | 许可证编号 | 主项 | 承包范围 | 总包竣工 | 监理竣工 | 备注 |
| | | | | | | | |
| 姓名 | 类别 | | 证件号 | 安全考核合格证 | | | |
| | 项目负责人 | | | | | | |
| | 安全生产管理人员 | | | | | | |
| | 安全生产管理人员 | | | | | | |
| 单位名称 | 单位编码 | 许可证编号 | 主项 | 承包范围 | 总包竣工 | 监理竣工 | |
| | | | | | | | |
| 姓名 | 类别 | | 证件号 | 安全考核合格证 | | | |
| | 项目负责人 | | | | | | |
| | 安全生产管理人员 | | | | | | |
| | 安全生产管理人员 | | | | | | |

| 危险性较大分部分项工程 | | | | | | |
|---|---|---|---|---|---|---|
| 类别 | 编号 | 工程范围 | 开始日期 | 结束日期 | 是否专家论证 | 备注 |
| | | | | | | |
| | | | | | | |

续表D2

| 机械信息 | | | | | | | | | | |
|---|---|---|---|---|---|---|---|---|---|---|
| 设备统一编号 | 设备型号 | 产权单位 | 安装单位 | 安装日期 | 操作人员 | 检测日期 | 检测结果 | 整改内容 | 检测单位 | 备注 |
|  |  |  |  |  |  |  |  |  |  |  |
|  |  |  |  |  |  |  |  |  |  |  |

| 安全生产标准化月评、复核及季度确认信息 | | | | | |
|---|---|---|---|---|---|
| 类型 | 时间 | 总计 | 优良 | 合格 | 不合格 |
| 总包企业月评 |  |  |  |  |  |
| 监理企业复评 |  |  |  |  |  |
| 监督站季度确认 |  |  |  |  |  |

| 监理报告 | | | |
|---|---|---|---|
| 口头整改 |  | 开具时间 |  |
| 书面整改 |  | 开具时间 |  |
| 停工整改 |  | 开具时间 |  |

| 监督记录 | | | |
|---|---|---|---|
| 局部停工 |  | 开具时间 |  |
| 全面停工 |  | 开具时间 |  |
| 整改单 |  | 开具时间 |  |
| 人员计分 |  | 开具时间 |  |
| 行政处罚 |  | 开具时间 |  |

| 其他业绩记录 | | | |
|---|---|---|---|
| 是否申报上海市文明工地 |  | 结果 |  |
| …… |  |  |  |

| 竣工评定信息 | | | |
|---|---|---|---|
| 施工总包竣工评定结论 |  | 施工总包竣工评定时间 |  |
| 监理竣工审核结论 |  | 监理竣工审核时间 |  |
| 季度确认综合结论 |  |  |  |
| 竣工确认结论 |  | 竣工确认时间 |  |
| 综合确认结论 |  | 综合确认时间 |  |

说明：此表可从安全生产标准化考评系统实时下载。

# 本标准用词说明

**1** 执行本标准条文是,对于要求严格程度的用词说明如下,以便执行中区别对待。

1) 表示很严格,非这样做不可的用词:
正面词采用"必须";
反面词采用"严禁。
2) 表示严格,在正常情况下均应这样做的用词:
正面词采用"应";
反面词采用"不应"或"不得"。
3) 对表示允许稍有选择,在条件许可时首先应这样的用词:
正面词采用"宜";
反面词采用"不宜"。
4) 表示有选择,在一定条件下可以这样做的用词,采用"可"。

**2** 条文中指明应按其他有关标准规范执行时的写法为"应按……执行"或"应符合……的要求(或规定)"。

# 引用标准名录

1 《建设工程施工现场消防安全技术规范》GB 50720
2 《建筑施工安全技术统一规范》GB 50870
3 《建筑机械使用安全技术规程》JGJ 33
4 《施工现场临时用电安全技术规范》JGJ 46
5 《建筑安全检查标准》JGJ 59
6 《建筑施工高处作业安全技术规范》JGJ 80
7 《龙门架及井架物料提升机安全技术规范》JGJ 88
8 《建筑施工门式钢管脚手架安全技术规范》JGJ 128
9 《建筑施工扣件式钢管脚手架安全技术规范》JGJ 130
10 《建筑施工模板安全技术》JGJ 162
11 《液压升降整体脚手架安全技术规程》JGJ 183
12 《建筑施工塔式起重机安装、使用、拆卸安全技术规程》JGJ 196
13 《建筑施工工具式脚手架安全技术规范》JGJ 202
14 《建筑施工升降机安装、使用、拆卸安全技术规程》JGJ 215
15 《建筑施工承插型盘扣式钢管支架安全技术规程》JGJ 231
16 《建筑施工用附着式升降作业安全防护平台》JG/T 546
17 《钢管扣件式模板垂直支撑系统安全技术规程》DG/TJ 08—16
18 《文明施工标准》DG/TJ 08—2102
19 《临时性建(构)筑物应用技术规程》DGJ 08—114
20 《现场施工安全生产管理规范》DGJ 08—903
21 《建设工程班组安全管理标准》DGJ 08—2061
22 《危险性较大的分部分项工程安全管理规范》DGJ 08—2077

# 上海市工程建设规范

# 施工现场安全资料和记录实施标准

DG/TJ 08—2334—2020
J 15432—2020

条 文 说 明

2021　上海

目 次

- 2 术　语 …………………………………………… 72
- 3 基本规定 ………………………………………… 73
- 4 基本条件类 ……………………………………… 74
  - 4.1 一般规定 …………………………………… 74
  - 4.2 企业证照 …………………………………… 74
  - 4.3 人员管理 …………………………………… 74
  - 4.4 设施、设备与物资 ………………………… 75
  - 4.5 文件管理 …………………………………… 75
- 5 核心要求类 ……………………………………… 76
  - 5.1 一般规定 …………………………………… 76
  - 5.2 危大工程辨识 ……………………………… 76
  - 5.3 危大工程专项施工方案 …………………… 76
  - 5.4 危大工程交底 ……………………………… 77
  - 5.5 危大工程验收 ……………………………… 77
  - 5.6 危大工程监控 ……………………………… 77
- 6 基本要求类 ……………………………………… 78
  - 6.1 一般规定 …………………………………… 78
  - 6.2 组织构架 …………………………………… 78
  - 6.3 管理职责 …………………………………… 78
  - 6.5 教育培训 …………………………………… 78
  - 6.6 过程管理 …………………………………… 79
  - 6.7 检查整改 …………………………………… 79
  - 6.8 应急和事故管理 …………………………… 80

# Contents

- 2 Terms ················································ 72
- 3 Basic rules ········································· 73
- 4 Basic conditions ·································· 74
  - 4.1 General provisions ························ 74
  - 4.2 Corporate license ·························· 74
  - 4.3 Personnel management ················· 74
  - 4.4 Installations, equipments and materials ·············· 75
  - 4.5 File management ·························· 75
- 5 Core requirements ······························· 76
  - 5.1 General provisions ························ 76
  - 5.2 Identification of the divisional work subdivisional work with higher risks ················· 76
  - 5.3 The special method statement for the divisional work subdivisional work with higher risks ············ 76
  - 5.4 Explanation of the divisional work subdivisional work with higher risks ·············· 77
  - 5.5 Check acceptance of the divisional work subdivisional work with higher risks ············· 77
  - 5.6 Supervisory control of the divisional work subdivisional work with higher risks ············· 77
- 6 Basic requirements ······························ 78
  - 6.1 General provisions ························ 78
  - 6.2 Organizational structure ················ 78
  - 6.3 Management responsibility ············· 78

6.5　Education and training ················· 78
6.6　Process management ················· 79
6.7　Inspection and rectification ················· 79
6.8　Emergency and accident management ················· 80

## 2 术　语

**2.0.7** 设备、设施与物资

设备主要包括：施工升降机、塔式起重机、门式起重机、流动式起重机、高处作业吊篮、龙门架及井架物料提升机、附着升降脚手架等。

设施主要包括：脚手架、移动或操作平台、模板支撑、卸料平台等。

物资主要包括：应急物资、消防器材、钢管扣件等周转材料及其他安全物资。

# 3 基本规定

**3.0.2** 分包单位相应地应编制、收集整理和上报其分包范围内施工现场的资料和记录。

**3.0.3** 资料和记录的管理,需要留有痕迹,谁主管谁负责,谁填报谁负责,谁签字谁负责,在相应的过程、节点等,必须在职责范围内留下审核、审批等行为痕迹。

　　4 如企业证照等资料,是市场管理、质量管理、安全管理均需要的。

**3.0.5** 相关规范标准中的检查、验收表,如《安全检查标准》JGJ 59 中的检查表、《临时性建(构)筑物应用技术规程》DGJ 08—114 中的验收表等,项目应参照使用。

**3.0.6** 本条中的公章指企业公章与项目章,项目章应纳入企业公章管理。

**3.0.7** 项目部应完整收集各类资料,真实地记录与现场实际情况一致的全过程安全管理活动,确保资料和记录及时、有效。

　　多单位流转的资料与记录需要签字并盖章。

　　4 信息系统便于各岗位、各单位在同一平台上记录,行为显性化,并体现行为之间的逻辑关系,确保真实、时效性,确保职责落实。

**3.0.8** 部分资料保存时间有另行规定的或有存档要求的,遵照相关要求执行。

　　完工的定义依据《上海市建筑施工标准化考评规范》(沪建质安〔2016〕247号)文件的规定。

**3.0.9** 相关单位,如专业分包单位、劳务单位、供应单位等;管理岗位:负有安全职责的岗位,如项目负责人、技术、生产岗等;作业岗位,如班组长、安全协管员等。

# 4 基本条件类

## 4.1 一般规定

**4.1.4** 人员信息、设施、设备、物资验收等内容,作为全过程管理的查询索引。

## 4.2 企业证照

**4.2.2** 资质资料包括企业资质、合同、协议包含营业执照、资质证书、安全生产可证、施工合同、安全生产协议、文明施工协议、施工许可证、安全告知书、工程保险、工商保险、安全措施费清单等施工必备资料,由项目资料员收集、归档。

**4.2.6** 总包、专业分包单位须依据国家、地方及行业相关法律、标准定期对分包、分供单位进行管理,并形成实施记录。由各相关条线自行收集、归档。

## 4.3 人员管理

**4.3.1** "建筑工人"一词依据《关于印发建筑工人实名制管理办法(试行)的通知》(建市〔2019〕18号)定义。

**4.3.2** 任命文件为企业针对项目部管理人员下发的任命函和红头文件。管理人员相关资料通过审核后,由项目资料员统一编制、归档。

**4.3.3** 与作业人员签订劳动合同的企业,进场时,应提供作业人员的岗位证书、教育资料等建筑工人名录的附件。

**4.3.5** 建筑工人相关主要信息由实名制系统自动生成,其他信息及相关资料宜由项目劳务员收集、编制、归档。其中涉及特种作业人员的,宜由项目安全员收集、审核、编制。

## 4.4 设施、设备与物资

**4.4.2** 设备目录、实施清单及相关资料由项目机械员收集、编制、归档。设施、物资目录、实施清单及相关资料由项目安全员、材料员收集、编制、归档。

## 4.5 文件管理

**4.5.1** 施工企业、项目部根据项目安全生产要求收集、归类相关的法律、行业法规、本市地方性法规、部门规章、本市地方性规章、安全生产标准、安全技术规程、安全管理制度。文件包括监理、监督机构等单位的通知、指令、行政文书等。

**4.5.4** 文件存放形式应注明是电子版还是纸质文本,是汇编还是单册等。

# 5 核心要求类

## 5.1 一般规定

**5.1.1** 核心要求类以记录为重,强化过程管理痕迹。

**5.1.4** 危大工程涉及的管理条线包括施工单位技术、施工、安全、劳务条线。技术条线负责危大工程清单辨识和编制、专项施工方案的编制、专项方案的交底、验收;施工条线负责对危大工程作业人员进行安全技术交底、验收;安全条线负责安全技术交底的确认、验收、监控;劳务条线负责危大工程作业人员的登记。

## 5.2 危大工程辨识

**5.2.5** 本条是依据上海市工程建设规范《危险性较大的分部分项工程安全管理规范》DGJ 08—2077 的相关规定采用。施工单位包括总包单位和专业分包单位。

## 5.3 危大工程专项施工方案

**5.3.2** 本条是依据上海市工程建设规范《危险性较大的分部分项工程安全管理规范》DGJ 08—2077 的相关规定采用。

**5.3.3** 本条是依据上海市工程建设规范《危险性较大的分部分项工程安全管理规范》DGJ 08—2077 的相关规定采用。

**5.3.4** 施工单位内部审批是报审的前提条件,只有在审核审批完成后,才能报监理单位及建设单位审批。

5.3.5 专家论证记录应包括专家论证意见表、专项方案论证报告和论证备案意见表。

### 5.4 危大工程交底

5.4.3 交底内容应包括方案中重点内容，做有针对性的交底。
5.4.4 本条是依据上海市工程建设规范《危险性较大的分部分项工程安全管理规范》DGJ 08—2077 的相关规定采用。

### 5.5 危大工程验收

5.5.3 本条是依据上海市工程建设规范《危险性较大的分部分项工程安全管理规范》DGJ 08—2077 的相关规定采用。
5.5.6 本条是依据上海市工程建设规范《危险性较大的分部分项工程安全管理规范》DGJ 08—2077 的相关规定采用。

### 5.6 危大工程监控

5.6.1 本条是依据上海市工程建设规范《危险性较大的分部分项工程安全管理规范》DGJ 08—2077 的相关规定采用。

# 6 基本要求类

## 6.1 一般规定

**6.1.3** 基本要求类资料和记录可随机组合,用以适应如市文明工地查评、住建部专项督查、应急保障部专项督查等各类检查需求。

## 6.2 组织构架

**6.2.1** 应急管理网络图应包括应急管理负责人、各抢险班组的设置及其负责人信息和应急救援职能部门的信息等。

防汛防台安全管理网络图应包括相关负责人、物资仓库管理人员、各抢险班组长的姓名、联系方式、应急救援职能部门的名称及联系方式等。

## 6.3 管理职责

**6.3.2** 管理职责应包括消防的管理岗位及职责。

## 6.5 教育培训

**6.5.3** 教育资料即新进企业教育、岗前教育、进场教育资料。新进企业教育的内容应包括安全生产基本知识、规章制度、劳动纪律、从业人员安全生产权力和义务等。

岗前教育的内容应包括工作环境、操作规程、工种之间的施工衔接关系、案列教育等。

**6.5.4** 日常学习应包括季节性的施工安全、节假日的思想安全、事故后的注意事项及安全防范措施等方面的内容。

## 6.6 过程管理

**6.6.2** 本节仅列举非危大工程的方案、施工组织设计审批记录。
专项方案如文明施工、大气污染防治、临时用电等。

**6.6.8** 进场验收记录包括相关资料，如合格证、质保书、抽检记录、隐蔽工程资料、实体审核记录和数量等。
过程验收包括验收项目、要求、结果、意见。

**6.6.9** "动火作业许可证"一般分为一级、二级和三级，采用统一表式。"动火作业许可证"一式三份，动火作业人员、动火作业安全监督员各持一份存档，单位或项目消防安全主管部门一份存档备案。

## 6.7 检查整改

**6.7.2** 项目安全检查计划清单应根据项目的施工进度、危大工程施工情况、主要分包单位进退场情况、主要管理人员调整情况、大型设备进退场情况进行调整。
临时性建（构）筑物检查、维护记录应依据上海市工程建设规范《临时性建（构）筑物应用技术规程》DGJ 08—114 附录 C 实施。

**6.7.4** 所有施工的参建单位均应开展带班制度，所有参建单位的每个施工日均应有带班人并做好带班记录。

**6.7.5** 项目配备多名安全员的日巡工作应进行分工，日巡分工可根据区域、专业或者时间段进行分工，各巡查人应做好各自的日巡记录，需要其他单位或其他部门进行整改的，应以书面形式或其他可追溯的电子形式根据"三定"原则通知整改人，并跟踪整改情况。

**6.7.6** 各类专项检查要求应符合相应专业规程、标准及管理规定的要求。

**6.7.9** 本条依据《中华人民共和国特种设备安全法》第三十五条和三十九条,《特种设备安全监察条例》第二十六条和二十七条,以及《建筑施工塔式起重机安装、使用、拆卸安全技术规程》JGJ 196—2010 第 4.0.18、4.0.19、4.0.21 条,《建筑施工升降机安装、使用、拆卸安全技术规程》JGJ 215—2010 第 5.3.1、5.3.2 条,《建筑施工起重吊装工程安全技术规范》JGJ 276—2012 第 3.0.3 条编制。

**6.7.10** 本条款根据《施工现场临时用电安全技术规范》JGJ 46—2005 第 3.3 节编制。

**6.7.11** 隐患排查统计表可作为项目下一步开展检查的依据。

## 6.8 应急和事故管理

**6.8.1** 一般应由项目总包技术负责人在项目开工前根据项目的组织构架、危大工程施工、施工中可能发生的事故事件等情况,制定项目应急预案,并建立名录。

**6.8.2** 防台防汛等天气类可预见应急响应应包括应急前动员、检查记录、值班记录、抢险记录、撤离记录、恢复记录。

**6.8.4** 事故报告应包括事故情况说明、原因分析、整改措施、预防措施、对责任人的处理意见。